Margarita mustia

Margarita mustia

Impresión y editorial: BoD – Books on Demand
info@bod.com.es - www.bod.com.es
Impreso en Alemania – Printed in Germany

ISBN: 978-84-1373041-7

Nicolás de Marco

Margarita mustia

Llegan las cañerías al ocaso de su resistencia

quebrándose

PLÚMBEAS

PLÚMBEAS

PLÚMBEAS

son sombras chinescas

Superamor aliquebrado
inflamado por el acaso,
aherrojado.

Cantan los tucanes
por su pico,
en escopeta:
Margaritas mustias.

Arañas celando
telares de estrellas.

Y vibra un asteroide
en el Universo.

Presa del hambre
se ciega
su impronta titilante:

Como el reflejo de los halos
de un sol primigenio.

Sople... ... .

Arru llo de hadas

Sople... ... .

Marcha funesta

Sople... ... .

D e s o r d e n

Tem plan za

Sople... ... .
Sople... ... .
Sople... ... .
Sople... ... .

Batir las alas

Avivar las hogueras

Gruñidos y féretros

Congregadospoemas

Sople... ... .
Sople... ... .
Sople... ... .
Sople... ... .

FaNtAsÍa
Óbito
Torpor
De
Cre
pi
tud

El faro que ilumina:

Pálpito que observa:

Pupila de luz abismal.

El espacio total.

Sin dirección que permanezca:

Oscuridad perturbadora:

Sombra del despertar.

El espacio total.

Verruga carnosa
de cuna extraña
se instala y pernocta

en el forzoso habitáculo
en la curiosidad sensata

Ojeras ajenas
mirada atravesada
mueca impugnada

Verrugosa inquina,
entonando sin la gracia

la palabra mudada,
y ya, nunca más,
se asomará el alba.

Se han quebrado paredes

con los puños cerrados,

con las voces apretadas.

Se alicatan los escombros

con palabras que no hablan,

con manos plenas de vacío.

Se destrenza un bucle.

Y se cuadra armónico

el Hombre de Vitruvio.

Pan duro, pan de ayer.
Sopas de ajo y
horas de cadena,
tufos, humaredas.

Patatas con arroz.
De callos en el plato
y las manos llenas,
tengo nada.

Un puñado de judías.
Tocino tosco,
seco de avaricia,
lo comparto.

Jirones y grasa en la ropa.
Calcetines con agujeros,
los niños ya no lloran
por un zapato nuevo.

Que nos asalte el espíritu del cimarrón

Que se desgarre el azogue ponzoñoso
que se despunten las lenguas asombradas
que se desbriden los orinques, las alambradas

Que se conquiste lo abrupto, lo escarpado
que se combe lo mordaz, lo afilado
que se opaque la desagradable indiferencia

Que nos asalte el espíritu del cimarrón

Pestañea

el amante

diletante

¡Ay!

el maestro

diestro

lo olvidó

y se escapa

una pestaña

un *memento*[1]

¡Al momento!

el maestro

diestro

recordó

[1]Del lat, *memento* 'acuérdate'

Corazones que saltan a lo lejos
como sapos que salvan las distancias
croando los días sobre un estanque
cantando pasiones en la alborada

mas caen al fondo por el mismo borde
como si fueran sapos con pesados nombres
y allí quedan los restos, a la deriva,
carcasas, esqueletos en el agua fría,
túmulos informes, sin vida,
andrajos lanzados como una brida
y una sima abrupta que no invita a subirla
una falda de guiñapos con puntas de pica

¡Mira allí! Flota un pedazo mancillado
tan torpemente precipitado;
y se apagaron en el estanque
tantos embalajes endebles
tantos recuerdos inertes

¡Ay! De tan permeables,
tan escasos los devotos
y son tan minúsculos los votos
que no queda pecho sin un siete
que no queda corazón sin un roto 💔

Sueño el día en que.

Panegíricos obsolescentes
fluorescentes

Palabras consignadas en todas sus formas
como un verbo conjugado

Pretérito que se alumbra
en el neonato

Nuevo sol que no decae, radiaciones
de un ayer bombardeado

Nuevas...
Disipen el bucle del retardo

y se allane la onda inscrita
en el espacio y eclosione

sinuosa, desde el cero
hacía la misma Historia

no entrelazada otrora
en la mañana

Sueño el día en que.

Inquietas están en sus tumbas

Agitados los tuétanos roídos

las reliquias

los restos

las exequias

los textos

llueve la sagita mortal

prende en la carne moral

sufre martirio

San Sebastián

yace yerto

amarrado, casi muerto

el pecho abierto

Inquietas están en sus tumbas

Agitados los tuétanos roídos

las manos

las calaveras

los tarsos

las vértebras

llueve la sagita mortal

prende en la carne moral

sufre martirio

San Sebastián

yace yerto

amarrado, casi muerto

el pecho abierto

Se levanta una columna

desde el centro del océano

del pensamiento profundo

acuoso regio mástil

del brillante inspirado

anhelo que nos azota

Asomados los luceros

sobre la baranda de lunas

sorben ávidos sueños impresos

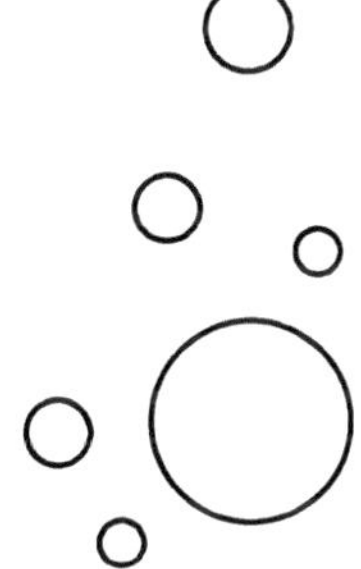

¡Qué surjan desde la húmeda

inmensidad! ¡Qué se prendan en

la oscura y nocturna noche!

Discurre la vaguada seca

Hiende la montaña entera

Los brotes no cubren su lecho

¡Colisiona el microbús!

Los abrojos que ha rociado la esquiva vida,
aun discurra la senda en el mapa
diáfana y banal,
los ha pisado todos
con los pies desnudos y el peso
del paso cambiado.

Esa sangre
ha brotado incandescente
amarrándose a la cornamusa
y a las bitas
y al bolardo
del puerto deshabitado.

Y vuelve recluso
al inicio de la Historia
a encapillar el mismo barco
con el mismo
licor de fuego de vida de esas plantas
de cicatriz imperfecta.

El llanto,

el saber,

quizá el amor...

La verdad,

la mentira,

la venganza,

la osadía

calientes

y frías,

horneadas,

en paprika

se sirven todas

en el ambigú

Afectos conjurados

desde la cábala ancestral

arremeten con bravía

contra este tapiz vidrioso de lo irreal real

lo que antaño era la vida

ahora es simple parsimonia;

un paso de veletas enmascaradas

que intercambia significados, historias

¡Amé al ermitaño que fue uno

con el resto de su cueva!

¡Amé al alfarero que moldeó con su huella!

¡Amé al escriba, al pintor, al profeta!

¡Amé al agricultor de mano gruesa!

¡Amé al ganadero de piel quemada!

¡Amé al alquimista de ciencia olvidada!

¡Amé al filósofo, al herrero, al poeta!

Dos rosas son rojas

porque tú y yo

las vemos rojas

Lección primera del amor

[y de la Historia.]

Veinte es un número con curvas

un círculo ovalado aislado

y, apenas, un trazo horizontal

20

Ya está la catarata impasible
rompiendo sobre la roca
erosionando con sus columnas
líquidas S

S

Ya está la cortina de gotas S
rociando el musgo agarrado S
ahogándolo tímidamente S
hasta la asfixia O S

O S

Ya está el rugido del agua O S
penetrando en los tímpanos O S
expulsando otros sonidos O S
afuera S O S

S O S
S O S
S OS
SOS
SS
S
.
.

He navegado sobre las olas de lo obscuro
sobre la espuma de océanos sutiles
bajo el influjo de la luna en mares de palabras

la luna ha izado olas de ensueños con sus pestañas
la espuma ha lubricado las letras con su tacto
las olas de la noche han convocado a las musarañas

He hundido mis rodillas en la nieve
como un intruso en lagos de nata monstruosos
en ánforas donde vibraba trémula la leche de la cabra

la leche suavizó la tinta que no encontraba la rima
los lagos se arremolinaron apagando las cacofonías
la nieve arrolló los tachones con avalanchas de virutas

He despertado a la luz del día como si fuera un niño
al calor del alba como se abren los pétalos y
se curvan las ramas con las nanas de la aurora

la aurora me consultó lánguida sobre el brillo de las estrellas
el alba quiso refrescarse entre las mareas nocturnas
la luz del día me sorprendió rayando sus versos sobre el papel

Hendida la navaja en la página del obituario
que resguarda aquella verdad literaria
escrita por los siglos con el plomo de los cañones,
con las camisolas rasgadas en el día en que sirvieron de
mortaja

Hendida la navaja hiere los lomos y abre las páginas
rasgando fina una sarta de oraciones,
se deslizan los renglones por la herida a peso
como si reptasen las cucarachas hacia el recoveco

Hendida la navaja sesga con su tajo las palabras
y se pervierten los nombres escritos en lenguas muertas,
los actos se escabullen entre las alcantarillas de la ciudadela
tachada a golpe de generaciones ensordecidas

Ve a dormir

es cierto lo que dicen

esta noche

esta noche

no tiene tu nombre

rubricado en las estrellas

ni se leerá tu mote

entre muecas

entre golpes de sonrisas

esta noche

Ve a dormir

es cierto lo que dicen

esta noche

Miras la rodilla sobre la que caíste anoche

sangran las palabras

en su ulcerada cama de grumos

Yo nuncas rascaron tu garganta

como felinos espantados

por las lluvias del oprobio

Kilos sobre la espalda

y sobre cada paso cojo

de una pierna que ya nunca enderezarás

Ahí vienen los zapadores,

marchan al ritmo

de los tambores...

BUM BUMBUM

BUMBUM BUM

BUM BUMBUM

Ahí vienen los zapadores,

marchan al ritmo

de los tambores...

BUM BUMBUM

BUMBUM BUM

BUM BUMBUM

Suenan los platillos

que no sacian los pellejos

Chín-Chín-Chín-Chín nn n n

Suenan los platillos

que no sacuden las barrigas

Chín-Chín-Chín-Chín nn n n

Suenan los platillos

que no enlustran los pelajes

Chín-Chín-Chín-Chín nn n n

Suenan los platillos

Suenan los platillos

Suenan los platillos

Chín-Chín-Chín-Chín nn n n

Chín-Chín-Chín-Chín nn n n

Chín-Chín-Chín-Chín nn n n

V
e
r
t
i
c
a
l
i
d
a
d

Oblicuidad

H o r i z o n t a l i d a d

E
j
e

d
e

l
a

H
i
s
t
o
r
i
a

M a t e m á t i c a d e l a v i d a

D i r e c c i ó n d e l a
v e r d a d

Vamos sumando números

al túmulo del olvido

con operaciones sencillas

y símbolos

para el recuerdo perenne

Vamos sumando números

al túmulo del recuerdo

con operaciones sencillas

y símbolos

para el olvido perenne

Preguntas por la canción de la vida
te responde la Historia con su eco
Preguntas por la canción de la vida
te responde la Historia con su eco
Preguntas por la canción de la vida
te responde la Historia con su eco
Preguntas por la canción de la vida
te responde la Historia con su eco
Preguntas por la canción de la vida
te responde la Historia con su eco
Preguntas por la canción de la vida
te responde la Historia con su eco
Preguntas por la canción de la vida
te responde la Historia con su eco
Preguntas por la canción de la vida
te responde la Historia con su eco
Preguntas por la canción de la vida
te responde la Historia con su eco
Preguntas por la canción de la vida
te responde la Historia con su eco

Bajan los telones de la vejez

con hebras de sabiduría

con el clamor de no volver

a izar telones de inmundicia

a levantar hilos de incertidumbre

a subirse a la indecencia

a escupir con la fuerza del veneno

a elevarse por encima de lo ajeno

Bajan los telones de la vejez

con hebras de sabiduría

con el clamor de no volver

Milagroso el descenso
a la gruta de tu garganta
por la escala de sogas
raídas como las palabras
que se ahogaron allá adentro
a cuya alarma acudo
con el saco del recuerdo
para devolverlas el sonido
para que las secuestre el aire
y resuenen en los tímpanos
otra vez

m i l a g r o s o
e l
d e s c e n s o

Que la Tierra es
redonda o esfera
solo lo observa el
astronauta con la
certeza o la duda
casi completa…

Esta pomada, mal llamada palabra de vida,
que no alivia la más suave urticaria,
te previene, al menos, del tiempo que pasas
bajo las reglas de los hombres;

Esas que no laceran la epidermis,
aunque la abrasen con su roce impostado,
aunque la refresquen a cero grados
cuando ese tiempo se haya fugado.

Y, a pesar de que la palabra te explique
el simple vicio de las cosas,
pesará más la Historia escrita:

Y te aplastará como una losa
hasta que yazcas bajo ella y, por encima,
el epitafio que otro o los otros convengan.

He recordado una cosa: un “algo”, un “hice”, un “dije”...

En la superficie y en el fondo: Un retorno, una memoria, un pasado...

Distinto, quizá neblinoso, mal escrito, apuntado con errores...

Malintencionado en su regreso, áspero en su reencuentro.

A ratos, dulce hasta el exceso.

Existí y existo. Recordé y recuerdo.

Mientras la mano escriba y describa, no la alcanzarán los muertos.

Este es un poema largo de silencio y de vacío:

"

"

A quien corresponda.

Da cobijo con su enramada de tendones como dedos contumaces que se extienden asombrando por doquier; sin preguntar si molestan con su empuje iracundo. Y sus afiladas uñas de madera centenaria y picada

arañan la piel.

melosa melífera meliflua miel

Se leyó en las estrellas, entre las constelaciones arcaicas,

en el espacio entre las lunas, que acudiría victoriosa la Verdad,

en su carro de llamas, a los oídos, al final de la noche.

Pero el amanecer rozó aquella prosa y los oídos se borraron

como se deshacen las alas tiernas de una

[polilla/mariposa.

De tiempo deambulo seco

que no de fuego en las neuronas

que no cantan las palabras

de aquellos capítulos últimos

que todavía se revuelven en su memoria

propia

Despertarse en la primavera

y desperezarse

o llorar en el entierro

de un reloj de arena

por cada grano, cada verso,

por cada línea abierta

En el buen vino reposan los posos de los tantos años en barrica

Decantarlo es destapar el corcho de la Historia, mirarla al trasluz,

la verdad primera
oler la incomodidad, agitar los gazapos: Saborear
la prima veritas

En los ejes de lo aprendido reside la paradoja de lo incierto,
aun más cierto lo visto y oído y la piel que toca y la lengua,
la voz letrada y el gesto severo y el estamento lo aplacan.

La sombra de lo intuitivo que germinó lo humano se arranca y
se acurruca cívica en la ciencia y perdura como nunca cierta y
reescrita
salvo en las cabezas que al tiempo enlazan cada uno de los
cabos sueltos.

Se encuentra la mano

escribiendo algo

perseguida por el tiempo

que devorará cada uno de sus dedos

aun aprenda a relatar con ambas

los hechos por las que debe acelerar

el traqueteo de sus huesos

y estirar sus ligamentos

pues el tiempo llega azuzado

por las manos de los otros

de las otras

y lo que no yazca enclaustrado

entre palabras

el suave soplido lo vuela

¡Abrid las rejas que no es bueno

que las voces no acaricien la vida!

¡No pongáis peso a sus alas,

que el tiempo las eleve, revolotean!

¡Qué cada voz contenga

preciado valor, precioso y valiente!

¡Y que luzca una espada, una rodela,

un aliento grande y un espíritu perenne!

Pareciera a los ojos que el poema más simple
la aliteración más infantil, la cacofonía menos tentadora,
fueran vacíos del pensamiento, ventanas de la creatividad
que se abrieron en la noche en el sueño o en el esfuerzo nimio

Lo menos arropado posa sencillo y perdura con más tino,
pues entra por la puerta cerrada de la interpretación directa
y se duerme en la cama bajo la manta de la mente
esperando sutil, palpitando

Con susurros interesados se han construido libros de lomos
abultados y han perdurado lecciones de maestros sin cátedra
dejando a lo complejo de lado, oculto, asustado

Volveré a leer este poemario cuando pasen otros cuarenta años,

y presumo que no me vendrá el rebufo del tufo a lo cerrado y vetusto,

sino la fragancia que da el tiempo a los versos sembrados y florecidos

por el aire y por el agua, por la luz de la misma Historia que transcurra.

Se han caído todos los pétalos de la margarita;

cada uno, un verso desgajado,

un poema que se licua al punto del rocío.

El pistilo permanece como un apartamento aislado

sobre un tallo mustio y,

en los estambres, vibra una hoguera.

No muere lo que no está muerto por completo,

no se calla la Verdad porque se haga el silencio,

no se comba la vida mientras nazca llorando

[y se vaya rugiendo]